¿Conoces el teléfono de las ardillas?

El teléfono de las ardillas

Kazue Takahashi

AH pípala

"En el pueblo hay un
instrumento muy útil que
se llama TELÉFONO."

Ese fue el tema que
se discutió durante la
reunión de ardillas
en el bosque.

Enseguida empezaron
a instalar un teléfono.

“Para instalar un teléfono es necesario un poste.”

Las ardillas usaron los altos troncos de las sequoias con ese fin.

“También es necesario algo que se llama cable.”

Las ardillas utilizaron una trenza de liana como cable y la extendieron entre los árboles.

Pasaron el cable a través de la
ventana de la casa y lo conectaron
a un teléfono hecho de arcilla.

¡La línea de teléfono
ya estaba en funcionamiento!

Tanto las ardillas adultas
como las ardillitas se alegraron.

Era una bella noche de luna llena.

"¿Estará la abuela
contemplando la luna?"

La ardillita, intrigada,
quiso usar el teléfono.

"¿Cómo podré hablar con esto?",
pensó con seriedad.

"¡Sí!
¡Tal vez se use así!"

La ardillita subió por el poste...

"¡Debo ir hacia allí!", se dijo.

Y empezó a correr.

"¡Oh! ¡Qué grande es la Luna!"

La ardillita estaba tan contenta
que giraba y bailaba alrededor del cable.

"¡Bien! ¡Puedo correr en línea recta
sin que nada se interponga en mi camino!

¡El teléfono es fabuloso!"

Ya veía la casa
con techo verde.

Se deslizó por el cable,

abrió la puerta

y entró.

"¡Hola, abuela!
Es el teléfono.

¿Has visto?
¡Está muy hermosa
la Luna!”

"Oh, es cierto. Estaba tejiendo y no me di cuenta."

El camino estaba iluminado
con luz de luna.
Acompañada por la abuela,
la ardillita volvió a su casa.

Se entretuvieron conversando
largamente sobre el teléfono.

¿Notaste alguna vez
que las ardillas corren
por los cables del teléfono?

Ese es su modo
de hablar por teléfono.

Kazue Takahashi

Ilustradora y cuentista, egresada de la Escuela de Artes de la Facultad de Educación de la Universidad de Arte de Tokio. Nació en la prefectura de Kanagawa en 1971.
Entre sus obras *Kuma Kuma chan* (Poplar Publishing Co. Ltd), *Nyako chan* (Bronze Publishing Inc.), *Nani tabete iruno?* (¿Qué estás comiendo?) (texto de Keiko Ichikawa, Editorial Alice); *Chiki Chiki happy birthday* (G.C. Press).

Takahashi, Kazue
El teléfono de las ardillas. - 1a ed.
Buenos Aires : Adriana Hidalgo Editora, 2012.
40 p. : il. ; 19x15 cm. - (Pípala)

Traducido por: Mónica Kogiso
ISBN 978-987-1556-87-8

1. Libros para Niños. I. Kogiso, Mónica, trad. II. Título
CDD 808.899 282

pípala

Título original: りすでんわ
Autor: Kazue Takahashi
Traducción: Mónica Kogiso

First published in Japan in 2010 by HAKUSENSHA, INC., Tokyo
Spanish Language translation rights arranged with HAKUSENSHA, INC. Tokyo
through Japan Foreign-Rights Centre/Üte Körner Literary Agent, S.L.
www.uklitag.com

Córdoba 836 - P. 13 - Of. 1301
(1054) Buenos Aires
e-mail: info@adrianahidalgo.com
www.adrianahidalgo.com

ISBN Argentina: 978-987-1556-87-8
ISBN España: 978-84-92857-81-4

Impreso en China
Printed in China

Queda hecho el depósito que indica la ley 11.723

Esta edición se terminó de imprimir en Hunan Tianwen Xinhua Printing Co.,Ltd
en el mes de agosto de 2012.

Este libro ha sido fabricado con materiales reciclados.